林準祥　編著

Otto C. C. Lam

A Hundred Year of
Colonial Impressions

百載香江
殖民印象

中華書局

序

香港回歸二十二年，社會出現了一股懷舊風，從前沒有珍惜的古舊東西，一下子成為大眾追尋美好回憶的媒體，其中記錄早已消失於歷史洪流的舊景像照片，更是最受歡迎的懷舊視覺記錄。

中英因鴉片貿易問題造成衝突，導致香港島於 1841 年給英國佔領，英國隨即開始大興土木，在島上建立軍事基地，修路築橋，鼓勵華洋商人來香港發展。這也是英國人在中國領土上，建立殖民地之始，為英國和歐洲商人定居和發展經貿提供方便。

經過一個半世紀，來到這個殖民地定居的英國人，一直只佔香港人口比例約兩三個百分點左右，比其他外國人如美國人在香港居住的還要少。最奇怪是 1997 年回歸前，仍有不少在香港居住的英國人聲稱他們熱愛香港，不會因為回歸而遷離香港。但是說遲時，那時快，香港主權移交後不久，在香港為英國政府服務的英國人，一下子都跑掉了，不論是英國駐香港的官員、商人或其他團體，都有大量在職人員攜家眷撤走了，最奇怪是一些自稱熱愛香港的英國人，背景不論是商界做生意的、打工的，或是服務自願團體的，在香港再也找不到他們的蹤影，後來才發現他們都是為英國政府在香港秘密工作的人員！最後留下來的，

都是那些已在香港落地生根，或是什麼情況下都不會跑掉的英國人。

回歸前，香港的規劃、管治和發展，都是英國人主理，雖然殖民地式的管治在二戰後已衰落，世界各地的英屬殖民地紛紛獨立，反而香港這個被冠上「皇冠級的英國殖民地」，一直等到新界租借到期時，中國政府才正式提出整個香港交還中國的要求。當然背後的原因主要是中國在回歸前的一百多年，不是處於內外戰爭，便是政治動盪，民生和經濟未能發展起來，直到二十世紀八十年代在改革開放政策下，才慢慢富起來，對香港回歸的態度也強烈起來。

英國人管治香港一百多年，成功之處是能掌握歷年來的地緣政治變化，管控收放適時，發揮了香港獨特的優勢，將香港打造成亞洲重要的商貿和金融中心。這也難怪有部分香港人至今仍然眷戀港英年代的光輝歲月。可是不能忘記的是英國人奪取香港這一個荒涼島嶼時，是依據《南京條約》的第三條款，不少人只聚焦於這一條喪權辱國的條款，忘記了第一條和第二條對英國人更加重要的條款，就是兩國人民和睦相處和五口通商，之後才是割讓香港島。這樣的排列次序，好像是不經意的。但是以英國這樣一個發展殖民地老手來說，願意對一個沒有資源的荒島，投入不少人力和金錢，建設成英屬基地，目標只有一個，就是投向廣大的中國通商網絡，香港只是作為一個基地。英國人發展這種沒有資源的島嶼而成功的例子，有直布羅陀、新加坡等地。故香港一開埠，便立即宣告為免關稅的自由港，目的是吸引商人來香港經商，商品進出口的廣大市場並不是香港，而是整個中國內地。香港

從開埠到現在，一直以來都是背靠祖國，才能成功發展起來。正如在香港創立的英資滙豐銀行於 1886 年成功主宰整個中國貨幣金融市場，它的大班曾經說：「我們的成功是離不開中國的。」由此可見，香港的開埠是作為五口通商的中轉港、金融票據的交易中心，現在是國際經貿和金融中心，其中發展的脈絡，總是離不開中國大陸的因素。

九十後出生的香港年輕人，沒有經歷過港英政府管治下的香港生活，只感受到香港自八九十年代後興旺的經濟和繁榮的景象，便直覺地懷念港英年代的日子。可是生長於港英時代的華人，親身體驗到在殖民地英人管治下的生活是什麼一回事。至於生活在香港的英國和歐美居民，歷年來有多少人會落地生根？他們像一些來港的國人，都是過客。為何在英治的年代，他們都樂於來港發展，回歸後便沒有這種衝勁？最主要原因是港英年代，英國人的身份是優於華人，他們在香港的生活是圍繞着歐美人士的圈子，甚少與華人社會融合。

香港開埠以後，早於 1845 年已有美國攝影師在港島開設影樓，可惜現存的圖片記錄最早也只是 1860 年代。到了 1970 年代，華商影響力的冒起，港英政府亦開始淡化香港作為殖民地的身份，故最能反映港英殖民地年代的圖像記憶，可從 1860 年代至 1960 年代的一百年內的照片中追憶。現存早期的攝影，大部分是出自歐洲的幾位攝影師和他們的華人學徒，故取景拍攝風格大致一樣，都是以完美的構圖，作定位拍攝，其中大多以建築物為主，也有歐洲人的生活照片。從這些照片裏，可以觀察到歐美人士在香港的生活，以及他

們在香港打造的建築物和城市的發展。

踏入二十世紀，相機和膠卷開始廣泛應用，不少從歐美來港的旅客到處拍照留念，香港的圖像記錄也開始多元化。早於晚清時期，英國人已開始推廣香港作為遠東旅遊的重點，香港由早期的遠東艦隊停泊港口，吸引英駐軍家屬來訪，其後慢慢被打造成遠東的特色旅遊地區，英美旅客日增，吸引遊客的酒店和景點大有改善，香港被形容為富有中國特色和中西文化交融的地區。除了品嘗廣東和其他中國美食外，有水準的西餐廳也是香港能吸引歐美旅客的原因。到了二十世紀五六十年代，美國荷李活電影還特地前來香港拍攝經典的愛情片和劇情片，令香港的吸引力大為提升，成為遠東必訪的英國在華南屬地。

本圖冊為香港百年華洋影像的首部，書中的照片覆蓋 1860 年代至 1960 年代香港的舊影像，照片顯現百年來英國人在港島的建設，維多利亞城和相關工程的發展，殖民地管治下的英國海、陸、空三軍的活動和英人在香港的生活。從照片中，看到英國人在香港一直處於優越的社會地位，和華人的相處是主僕關係，所以舊一輩的香港人都稱英女皇是「事頭婆」。雖然不少英國人本着普世價值在香港服務華人社群，但是他們在香港和華人相處，仍然存在一定的隔閡。在英國人的社會中，歐亞的混血兒也是被排擠的一群。可見香港百年的殖民印象，並不是年青人想像中的美好時光。

林準祥

2019 年 6 月 30 日

目錄

第一章

殖民香港
British Crown Colony

「因大英商船遠路涉洋,往往有損壞,須修補者,自應給予沿海一處,以便修船及存守所用物料。今大皇帝准將香港一島,給予大英君主暨嗣後世襲主位者,常遠據守,主掌任便,立法治理。」根據上述《南京條約》的第三條,香港島正式被割讓給英國,成為在中國土地上的英國殖民地。從開埠以來,來到香港的英國人,不論是英國殖民地官員或是僑民,最後落地生根的人數少得可憐。經過百多年的殖民地發展,香港被打造成商業和金融中心,但是留下來殖民的英國人並不踴躍。同是英國的殖民屬地,香港與美洲大陸和澳洲相比,殖民的目的顯然是失敗的。百年來,出現於香港的英國人只是過客,他們停留香港的目的,多是尋求事業的發展和人生的經歷,並沒有準備長居於香港。

「這是我的船嗎？」1949年6月17日，一名十八個月大的男孩伊恩·卡夫（Ian Kreft）正坐在行李箱上，等待從英國南安普敦（Southampton）港口出發的郵輪送他到香港，與他在香港服役於皇家工程部隊（Royal Engineers）的父親團聚。伊恩與他的媽媽同行，也是同船中唯一的軍人家眷到達路程遙遠的香港。同船全是增派到香港防衛動盪不安政局的二千名軍人。

踏入二十世紀，香港已是郵輪常到的港口，大量來自歐美的旅客主要是乘坐郵輪來港。照片
攝於 1920 年，停泊在維港的是日本女皇號郵輪（Queen of Japan）。

香港的深水港曾吸引世界各地的郵輪到訪,包括這艘日本女皇號郵輪(Queen of Japan),停泊於港口水域內。

大型客輪進入維港內，除了需要領航船外，也是本地大小船艇服務的對
象。圖示 1930 年代，大型客輪抵達港島的碼頭，被一群小艇圍繞着。

在北角太平倉庫的碼頭上，一群移居香港的英籍居民正歡送乘搭郵輪離港的親友。圖片拍攝於二十世紀初年。

為慶祝維多利亞女皇大壽，中區皇后大道各幢樓房都掛上旗幟。香港開埠後，中區一帶皇后大道旁，已有不少由洋人開設的小型旅館，給路經香港的西方遊客落腳。

洋人來到港島首選的酒店是香港酒店（即今天置地廣場位置）。圖示 1910 年酒店側門入口的畢打街，對出是郵政總局大樓（即今天的環球大廈）。

除了酒店和私辦的旅館外，香港也出現一些特別為來港暫居的水手和軍人而設的海員和海軍俱樂部（Sailors & Soldiers Home），這種旅館也是當年水手和個別來港海軍的理想住所。圖示 1910 年左右在港島東岸海堤旁的海員和海軍俱樂部大樓。

源自美國的基督教青年會 YMCA，早於 1902 年來到香港服務，因應香港來自美國的旅客增多，故於半島酒店旁興建一家旅館，以平價招待來港的洋人住宿。圖示 1930 年代在尖沙咀半島酒店旁的 YMCA 旅館。

於 1928 年開業的半島酒店，被定位為「蘇伊士運河以東最優美的酒店」。照片拍攝於 1948 年，九龍半島酒店剛剛從二戰後的破壞回復過來，酒店外仍見未被拆除的戰時倉庫。

山頂酒店（The Peak Hotel）於 1890 年 1 月 1 日開業，比登山纜車山頂總站遲一點，當年的交通工具仍以人力轎伕為主。圖片拍攝於山頂酒店開業不久，酒店前的大道停泊了十多輛人力轎車，等待從酒店出門的貴客使用。照片左下角是登山纜車的總站。

山頂酒店與旁邊正在建造中的道路。照片拍攝於 1890 年代。酒店於 1938 年拆卸。

港島南部是香港的後花園，淺水灣酒店是為洋人而建的歐陸式度假酒店。淺水灣酒店全景照片於 1930 年拍攝。

淺水灣酒店於 1930 年建成後不久的側景照片。酒店選址淺水灣沙灘對上的山腳地，建成後以淺水灣的英文名 Repulse Bay Hotel 為名。淺水灣英文地名 "Repulse Bay"，定名於 1845 年，目的是預設港島南部一處海灣，作為清兵攻打港島時，英軍退守和結集反攻的海灣，不過最後入侵港島的卻是日本軍人。二戰時英軍退守淺水灣，但它卻未能作為「反攻」的基地，英軍的傷殘兵員更於該處被日軍殘殺。

高貴的歐洲紳士和淑女在淺水灣酒店外與轎伕合照。攝於 1930 年代。

1909年遠望中區，歐陸式的洋房到處可見，佔不到百分之三人口的居港洋人，其居住環境與華人在太平山區擁擠的情況比較，有天堂與地獄之別。

攝於 1870 年代末期的中半山區，近景是正在興建的堅尼地道。中半
山全是洋人聚居的地區，之後發展成為香港的豪宅區。

攝於 1890 年代的山頂別墅區。這些別墅，多是富裕洋商或大班用作
夏天避暑的居所，也是招待到訪親友的理想居庭。

山頂的別墅大屋，建築各有特色。照片攝於 1897 年。

一眾英人家庭聚會，於 1900 年代大宅門外
拍攝留影。

一名洋婦在中半山的住宅露台外，小孩正在盪鞦韆。

1900 年代，洋人家庭一家四口在公園的梯楷上。由華人攝影師拍攝以維港作背景的全家福照片。

1900 年代，拍攝於洋人聖誕節時期，在洋房的陽台外，由華人攝影樓
拍照。相中背景是當年流行於歐人社會的佈置——中國特色的屏風。

戰後的 1950 年代，在香港工作的洋人，不少是服務
大眾的專業人士。圖中英籍女護士長攝於山頂維多利
亞醫院外。

不少洋人來香港度假和探親，部分居住於山頂洋房。
圖中的英籍少女於 1950 年代在山頂露台外拍照留念。

港島山路多，最常用的登山交通工具是轎車。前後兩名轎夫以長竹
竿支撐着的轎車，十分原始但百分百環保的設計，搖晃着往山上走。
此照片攝於 1870 年代港島的山路上。

喜歡尋幽探秘是人的天性，來港的洋人也喜歡跑到華人居住的地方獵奇。但是在十九世紀的香港，這種嘗試是極之危險的活動，不少到過華人居住區的洋人，都有不幸的經歷。圖示1950 年代英人坐在租用的人力車上，在唐樓的華人店舖外拍照留念。

太子大廈是當年最新式的商業大樓，不少進駐香港的外國銀行，例如法國銀行、荷蘭銀行、日本的台灣銀行和橫濱銀行，都以此大樓為辦公地點。圖示 1909 年洋商乘坐人力車飛快在太子大廈走過。

第二章 | 商口 通港
An International Entrepot

香港開埠成為通商口岸，並不是始於 1841 年，而是 1856 年。當年中英在廣州爆發軍事衝突，廣州的華人將洋商辦公和居留的夷館（舊稱十三行）全數燒燬。在廣州經營進出口業務的洋商，不論是銀行家或英印商人，全部遷移到香港，從此香港承接了原本屬於廣州的通商金融業務，也成為中國南部的主要金融外貿中心。

1870 年代的灣仔貨運碼頭，由木材建造，是當年由岸邊伸出海港最長的碼頭，除停泊貨船應有的設施外，更設置路軌，方便運送貨物上落貨船，是最有效率和繁忙的貨運碼頭。

攝於 1880 年代後期的維港，停泊了大小不一的洋商貨船，更可見圖中間偏左位置白色船頂
的英海軍旗艦靈光號（HMS Emmanuel）。近景的維多利亞城區已是有規模的城市。

從扯旗山頂最高點拍攝的旗桿站和樓房。1897 年維港港島北岸景觀清晰可見。

港島的太平山為何又叫「扯旗山」或是「升旗山」？看看這一張拍攝於 1890 年代的山頂旗桿便明白了。當年山頂的旗桿除了可以作颱風警報作用外，也會將停泊於港口船隻註冊的旗幟升起，從遠處便可望見旗幟飄揚。

下環至灣仔一帶 1897 年的維港景色，伸出的灣仔碼頭的外港，停泊了多艘海軍艦隻。左面第二艘有蓋白頂是當年的旗艦靈光號（HMS Emmauel）醫療和接待艦，於 1873 年至 1899 年長駐香港水域。船上三支船桿的中間主桿設有時間球，是用作停泊於維港船隻核對時間的報時裝置。

九龍尖沙咀水警大樓於 1881 年建成後，時間球改設於山頭對海小屋的屋頂上，港口內的大小船隻均可望到這個報時裝置。照片攝於 1885 年。時間球的運作是每天正午 12 時 55 分升至中間，到了 12 時 57 分再升至頂部，下午 1 時正降回底部。在維港的船隻遠遠即可望見，作為民用校對時間的裝置。

從太平山頂高處遠眺整個維港兩岸的景象。可見 1890 年代港島北岸已建滿了樓房。對岸的九龍半島，仍有很多綠化地帶還未開發。維港停泊了大小不同的船隻，包括多艘軍艦，其中白色船頂的兩艘分別是醫療船和旗艦。

攝於 1920 年初，從山頂遠望維港景色，最明顯的建築物是中區的太子大廈和皇后大廈，另外可見香港會所，滙豐銀行新總行大樓仍未建成，維港水上白頂的軍艦正是添馬艦。

1930 年代灣仔對出碼頭的維港景色。

早於 1850 年，港島中上環碼頭已有多家渡輪公司行走香港至廣東各口岸的航線，形成了港島北岸作為主要的外運碼頭。圖片拍攝於 1910 年，貨物從渡輪卸下，再由華工苦力以不同的形式搬運。

到了二十世紀初，維多利亞港已是世界著名的海港，在不同國家註冊的郵輪，紛紛停靠各大小碼頭，一些是拆卸貨物，另一些是作轉口的安排。照片攝於 1910 年，在九龍停靠的蒸汽郵輪。

從港島北岸山腰看東角一帶沿岸建設，設有碼頭和大量倉庫，拍攝
時間大約為 1880 年代。

圖示 1897 年位於東角怡和洋行的糖廠，東角一帶全是怡和洋行投資
的倉庫和工廠。

發展到 1950 年代，香港碼頭到處可
見。圖示船隻的維修工人正在為郵輪
Cambodge 號掃上新的漆油。背景可見貨
輪碼頭的景觀。

尖沙咀海運碼頭，攝於 1950 年代。

從飛機高空拍攝 1950 年代的九龍半島，沿廣東道一帶的倉庫和碼頭景色。

第三章 西洋建設

Western Constructions

英軍佔領香港島後，在港島的建設工程從來沒有停頓過。工務局和地政署的成立，對香港的建設和發展作出了規劃。政府主要負責道路、渠道、橋樑、公園的興建，並包括供水、城市照明，以至遠及為往來香港水道指引的燈塔興建等等。除了政府大樓、軍部營房和公眾醫療設施的建造外，有關商業和住宅的建設，都由私人購地作個別發展。結果是大量政府的基建工程批出後，由華人投標承包建造，這種形式的殖民地城市建設，在香港得到良好的發揮。香港第一條街道皇后大道，是由英軍工程部隊於 1841 年建造，接着黃泥涌至筲箕灣、筲箕灣至大潭的道路，分別於 1845 年前完成。從維港至香港仔的山路和香港仔至赤柱的灣路，也於 1846 年和 1848 年完成。到了 1908 年，香港已建設了 95 英哩長的道路，其中 5 哩長的街道有 75 呎闊。至於九龍半島的道路規劃發展，早於 1865 年已制定好，但是到了 1892 年才全速進行大規模的建造，其中包括 100 呎闊、22 英哩長的主幹道彌敦道。到了發展土地不足時，政府的填海工程便不斷地進行。在政府和商界多年來配合下發展，香港成功被打造為一個國際級的大都會。

香港開埠後的 1842 年，大型的樓房建設，全是由來自歐洲、澳洲的工程師策劃，他們到達香港後，實質的建造工程交由本地華人承辦，傳統廣東的竹棚搭建方式，便開始採用於屋宇建造。圖片所示是 1930 年代，到達香港監督工程的歐籍工程人員，登上華人承辦商建成的竹棚上考察工程進度，看來歐洲工程師十分欣賞那麼環保、穩固和有彈性的竹棚建築。

居於山頂的洋人傭工也是乘坐人力轎車下山。背景的洋房大宅正是港督的山頂別墅 The Mountain Lodge。照片攝於 1920 年代。

香港各種西洋建築的典範是港督的山頂別墅 The Mountain Lodge，由公和洋行設計，華人生利建築承造，以花崗石和麻石打造成富蘇格蘭式的大宅，佔地 100 平方呎，於 1902 年落成，用了 97,000 元，被譽為「山頂最宏偉美觀的建築物」，但於二戰時被日軍嚴重破壞，1946 年拆卸後只餘守衛室和平台。

港島山頂的別墅全是在香港經商或有地位洋人的另一居所，故建築設計全是由歐洲工程師精心打造，每幢別墅各有特色，是反映殖民地建築的最佳實物。圖示拍攝於 1890 年代，山頂區剛開始興建獨立別墅的山頭。

扯旗山下的洋人別墅。山頂的道路全是為了那裏的別墅而建。照片攝於 1900 年代。

照片攝於 1900 年的山頂，華工正修建山坡的石牆，方便建造新樓房。

洋人在發展維城時，不只興建大量歐式樓房，在城市設計上，亦包括渠道和食水供應建設。香港開埠初年的食水來自水井。到了 1851 年，政府建造了五個早期的公眾水井，為維城區的居民提供食用水。到了 1863 年，在中環中半山沿山邊建造了新的露天儲水庫。圖示經後期優化攝於 1900 年代的中半山儲水庫，主要為中區居民提供穩定的食水供應。

從儲水庫上望山頂景觀，沿山形排列的維城露天儲水庫，是薄扶林水塘建成前，提供維城區內食水的主要來源。照片攝於 1909 年。

另一個角度看供應維城區的露天儲水庫，主要是收集沿山澗流入的雨水到像梯田的水池。但這種水源並不穩定，而且是不足夠供應日益增加人口的需要。

在中半山近寶雲道山邊的濾水設施，收集了的雨水，會經過多次沙石的過濾，才經管道提供維城區使用。玻璃照片攝於 1898 年。

薄扶林水塘於 1859 年提議興建，初期是由 10 英吋厚的鋼板，連續 3.25 英哩長，建成兩個各自容納 100 萬加侖水的水塘，於 1863 年建成，可容納共 200 萬加侖的淡水。但水塘容量很快便不足夠供應人口的增長，故政府於 1871 年，在薄扶林峽谷擴建一座新水壩，食水容量是 6,600 萬加侖。玻璃照片攝於 1898 年，正值薄扶林水塘儲水水位極低。

在市區山澗中建成的明渠，有助排走多
餘的雨水和引導雨水到達城中的儲水庫。
玻璃照片攝於 1898 年，圖中的明渠也
是用作引導大潭水塘的食水供應到市區
的儲水站。

因為薄扶林水塘的儲水量已不足供應港島 195,000 人口的需求，1883 年政府計劃於大潭建
造一座大型新水塘，可容納 312,330,000 加侖的食用水。圖示水壩工程正在進行中。

大潭水塘初期的水壩工程快將完成。照片攝於 1888 年。為配合食水
供應到維城，同時建造了長達 1.38 英哩的暗渠和 2.93 英哩的明渠。

1889 年完成後的大潭水塘第一期水壩，連同連接供水的工程，總支出是1,257,500 元。玻璃照片拍攝於 1898 年。

雖然大潭水塘建成後提供穩定的食水供應，政府因應未來發展，於 1895 年將大潭水塘的水壩提升 12.5 呎高，整體容量升至 385,000,000 加侖。玻璃照片攝於1898 年。

港英年代和清政府達成的一項大型建造工程，是九廣鐵路的興建，計劃最終於 1907 年集資，因為工程浩大，英段要在九龍至新界沿線地區開山築路，總支出高達 12,300,000 元，英段於 1910 年 10 月 1 日正式通車。圖片攝於 1911 年，中間戴禮帽者為港督梅含理（Henry May），他親自到達深圳華界段作通車儀式。

尖沙咀火車總站大樓於 1916 年 3 月才完成工程，但火車服務早於 1914 年已到達該站的平台。圖示 1930 年代，在梳士巴利道拍攝尖沙咀英段火車總站大鐘樓的照片。

從維港觀看整座 1940 年代的火車總站大樓和鐘樓，前面是天星小輪碼頭。

英政府為香港的建設，不止於在香港的領海範圍內進行，也曾伸展到屬中國的島嶼上。1888 年，清政府同意由香港英軍負責在蚊尾洲（Gap Rock）建造一座 142 呎高的燈塔，燈塔和相關的建築設施於 1892 年建成。這是中國境內由英軍建造和管理的燈塔，是港英政府為遠洋輪船由印度洋駛到香港和廣州所建造的導航燈塔。圖片攝於 1909 年，可見打造穩固的燈塔建築。

照片攝於 1909 年，英軍於蚊尾洲燈塔使用的發動機和機械設施。
該島的燈塔是機械帶動和有燈光搜索功能的裝置。

蚊尾洲的燈塔由英軍建造，碼頭設有上落大型機器的吊臂。照片攝於 1909 年。

燈塔的管理人員和家屬於 1909 年在蚊尾洲燈塔下拍照留念。

第四章

打造維城

The Victoria City

香港開埠初期的建設，道路和營房是由英軍工程部隊建造，但政府開始賣地後，商人須於指定的時限建造大樓，故港島維城的西洋建築物，全是由來自歐洲和澳洲的建築師設計和興建。英國政府在香港的建設，首五年的資金全是由清政府的賠款中資助，連同充足的軍費，令香港開埠初期能有快速之發展，連參與第一次鴉片戰爭的英軍也感到驚訝：「當我們的部隊從廣州回到香港港口的 1841 年 6 月，那裏只有一座可供歐洲人居住的房屋。當我們兩個月後離開香港前往廈門遠征時，維多利亞城已有多座草茅搭成的臨時房屋，而那些位置將會建成英國在該地區的商業中心。」「到了 12 月份，基礎發展已有驚人的進步。翌年 9 月、10 月，由中國工人建造的第一座正規西式大樓落成。」「再到了 1843 年 10 月，不只健全的街道和中國人的商場已落成，大小類型的碼頭和英式市場也相繼出現，良好的道路也正在建造中。」

香港東角對出的維港景色，可見不少小型帆船和遊艇停在水面，沿岸都是碼頭和倉庫。照片攝於 1880 年代。

1880 年代，香港中環的海岸景觀，沿岸的洋行大樓整齊排列，
難怪孫中山於 1883 年初到香港時，對港島的城市建設十分欣賞。
照片攝於 1880 年代。

中環各個碼頭繁忙的情景，照片攝於 1950 年代。

中環沿岸的香港酒店大樓和畢打碼頭。照片攝於 1880 年代。

1880 年代後期，一個步兵連的英兵正在太古洋行對出的卜公碼頭，等
待來接載他們的輪船。這些英軍是從金鐘的兵營步行到此碼頭上船。

1950 年代的中環海岸。各個碼頭由堤岸邊
伸展出來，迎接往來停靠的渡輪。

1890 年代在太子大廈外的天星輪船碼頭，仍然是草棚頂的原始建築。

經過多年的發展，1950年代太子大廈外的天星碼頭，已是
金屬屋頂的永久碼頭。

1910 年代，西營盤的沿岸建築物，多是連結式的排樓，主要是從事
東南亞貿易的倉庫建築。

1920 年代，遠看太平山下西環一帶的沿岸景色。

同一位置，拍攝於 1950 年代的西環至西營盤沿岸港島照片。

港島兵營對出的政府醫院大樓。攝於 1880 年代。

從山頂遠望維港景色,可見沿岸至灣仔、燈籠島、東角、銅鑼灣至
北角。天馬艦海軍基地是最突出的建築物。攝於 1930 年代早期。

1920 年代從山頂遠望維港景色。

從山頂俯瞰維港，維城區已建有大量歐陸式建築物，全部由歐洲工程師設計，華人承建商建造。照片攝於 1925 年，右上角的滙豐銀行新大樓剛落成，白色花崗岩的建築物非顯眼突出。

1930 年代山頂俯瞰西環的景色。西環岸邊有多個外港渡輪碼頭。

1909 年從灣仔的山坡遠望中環至西環的維城景色,近景中間可見聖約翰座堂。

九龍尖沙咀訊號山的水警基地和海灣一帶的景色，時間球設於左上角海角山頭小屋的屋頂上。這個海灣的房屋，正是後來建造半島酒店的位置。照片攝於 1884 年代。

九龍半島東部近尖沙咀的海灣，正進行填海工程，玻璃照片攝於 1898 年。

1890 年代拍攝尖沙咀彌敦道最早的照片，拍攝位置是彌敦道口，大道兩旁種植大樹，樹後是洋人的住宅。照片左邊可見洋人居所，正是現今半島酒店的位置。右邊的房屋，包括著名巴斯商人麼地（H. N. Mody）的物業，樹後的橫街道路建成後，被稱作麼地道。麼地早於 1861 年來到香港，從事印度銀行家和鴉片商的業務，後來轉作證券業務，買入不少印籍商人的資產和物業，晚年積極參與香港的公益事務，是捐建香港大學堂的主要洋商之一。

從遮打花園的草坪上望聖約翰座堂、政府大樓和大會堂。攝於 1880 年代。

攝於 1900 年代的最高法院和背後的大會堂。

POST OFFICE

1920 年代德輔道中行走的有軌電車,右邊是郵政總局大樓。建成於 1904 年的有軌電車,由堅尼地城至筲箕灣,軌道全長 9.25 英哩。

金鐘到灣仔的一段皇后大道，路旁全是辦公樓和倉庫。攝於 1890 年代。

正在維修的香港郵政總局大樓。路旁的街燈已改用電燈照明。

攝於 1897 年的最高法院，法院外的廣場已掛上慶祝維多利亞女皇登
基六十周年的彩燈佈置。

滙豐銀行總行大樓正面的燈飾,是特別為慶祝維多利亞女皇登基六十周年而設置。照片攝於 1897 年。

從銀行街看滙豐銀行大樓外 1897 年的燈飾佈置。

攝於 1880 年代的滙豐銀行大樓，於銀行街和皇后大道的建築特色，
與面對皇后像廣場正面大樓的建築風格很不一樣。

滙豐銀行於皇后大道的景色，右邊可見大會堂和中間的顛地（Dent，即寶順洋行）噴水池。照片攝於 1900 年。

1935 年，重建後的新滙豐銀行大樓。採用芝加哥學派大理石的建築風格，正面是皇后像廣場前的停車場。

從政府山的山坡看滙豐銀行大樓和皇后大道景象。玻璃照片攝於 1900 年。

早期大會堂是洋人文化社交場所，華人只能在特定時段才能進入圖書館。港督軒尼詩曾建議放寬華人使用圖書的限制，可惜受到洋商反對。
圖示攝於 1897 年，大會堂因為慶祝活動，特別容許受邀的華人領袖到場參與。

拍攝於 1900 年代的大會堂，前面的雲石噴水池
由顛地洋行（Dent，寶順）於 1864 年捐建。

香港大會堂首次舉辦的香港產品和出口貨品的預展，展示將會在 1908 年英國倫敦世博會香港
館展覽的物品。照片由政府指定的美璋（Mee Cheung & Co.）攝影樓拍攝。

為 1908 年在英國倫敦舉辦的世博會於大會
堂預展的中國瓷畫和水墨畫。

皇仁書院（Queen's College）是由原本建於 1862 年的政府中央書院擴建而成，計劃接收 350 名男學童。到了 1876 年，已接收了 577 名學生。1889 年 7 月，中央書院的學生移到皇仁書院的新校舍，學生分別增至 510 人和 796 人。圖片攝於 1897 年為慶祝維多利亞女皇登基六十周年的活動，作為官立學校的皇仁書院，也張燈結綵。

第五章 | 山登
纜車

The Peak Tram

登山纜車的構想源於 1881 年史密斯（A. Finlay Smith）的提議，香港高山電車公司（Hongkong High-level Tramways Company Ltd.）於 1885 年成立，登山車軌行走從山腳到海拔 1,300 呎的高度。在克服不少建造上的困難情況下，最終於 1888 年通車，但翌年因大風雨、山坡坍塌而影響行車，公司其後多次轉手，最後於 1905 年由新成立的 Peak Tramways Co. Ltd. 接收。

第一代登山車卡。照片攝於 1889 年。

攝於 1890 年代的山頂纜車總站，一輛登山車卡正在離開車站。

設於山頂酒店旁的登山纜車山頂總站（中間兩層高建築物）。照片
攝於 1900 年代初期，圖中可見兩層高的纜車總站是一座機房。

1897 年新建成的纜車車軌，從港島山腳直上山頂，
有如天梯一樣。從花園道位置看登山纜車，佑寧堂
（Union Church）是唯一途經的明顯建築物。

登山纜車是港島的重要鐵路建設工程，圖示攝於十九世紀末中段車站遠
望維多利亞港，港灣內停泊了歐美貨輪，也包括英駐軍旗艦天馬艦。

早期的纜車軌道經過唯一的建築物是佑寧堂。佑寧堂原成立於 1844 年,是香港一座英語傳道跨宗派基督教教堂,圖中拍攝於 1900 年代的是位於堅尼地道 22 號 A 的新教堂。

1910 年代，已見不少建築物沿着纜車軌旁邊出現。

從山頂遠看登山纜車設於山頂的總站和對下的路軌，圖中間可見設
於白加道的第一個分站。照片攝於 1900 年代。

纜車山頂總站對下設於白加道的第一個分站。

1920 年代夏天，於梅道纜車分站下車的洋人。

攝於 1910 年纜車駛經山頂接近梅道的分站。

攝於 1950 年代初期纜車的車卡內景象。

1950 年代初，英兵帶同女伴和華人朋友乘坐纜車的情景。

1920 年代，設於聖約翰座堂對面的纜車山腳總站。

1950 年代改建的纜車山腳總站。

第六章

船堅砲利

The Royal Navy

1902 年之前，香港一直是英海軍中國水域巡航中隊的總部。但日俄戰爭後，英海軍駐中國水域的軍艦大幅減少，巡航由戰勝的日本海軍戰艦代勞。大部分英軍戰船於 1905 年撤離中國水域。英海軍於 1910 年代的遠東常駐軍艦，包括六艘裝甲艦、六艘支援艦、十艘河道砲艦、七艘魚雷艇驅逐艦和兩艘測量船。這些海軍戰艦於清末民初，已足夠防衛香港和令中國政府不敢產生以武力收回香港的動機。

維港常見英海軍艦艇停泊，這艘正是 1890 年代駐守香港和中國水域的
驅逐艦。英海軍製造戰艦國際有名，清末軍事改革，中國最早現代化的
海軍戰艦也是在英國特別訂製。

1860 年第二次鴉片戰爭，香港是英海軍進攻中國前集結的港口，照片由英隨軍攝影師菲利斯・貝亞托（Felice Beato）於九龍山拍攝整個維港景，港灣上佈滿數十艘海軍戰艦。

清末民初停泊於港灣的英海軍戰艦。

英軍每一代的海軍戰艦都曾到訪或駐守過中國水域。照片攝於 1920
年代維港上的新型英艦 HMS Terrible。

維港經常停泊着來自英國不同型號的海軍艦艇，1910 年至 1920 年代，
中國政治動盪，港灣除了停泊英軍主力艦外，還有多艘潛艇停靠。

在添馬艦海軍基地內的維修船塢，有潛艇和戰艦正在進行維修。

攝於 1930 年代的英軍戰艦，已見新一代的設施和武備。

1930 年代晚期，停泊於海軍船塢正在維修的英軍主力艦金巴蘭號（HMS Cumberland），這艘戰艦於
1928 至 1938 年間被編屬於英海軍的第五巡航中隊。經常往來中國海域，以香港為主要停泊基地。

攝於 1930 年代的英軍補給艦。

二戰前，在維港靠泊的兩艘英國軍艦。

1930 年代的海軍基地和九龍背景，港灣內的旗艦添馬艦（白色船頂）清晰可見。

添馬艦（HMS Tamar）屬老一代的海軍服務艦，建於 1863 年，1897 － 1941 年長駐香港港灣，作為海軍部隊休假時安頓的居所，方便分配兵員到不同軍艦。整艘船漆上白色，遠處可見，是維港內最顯眼的巨型軍艦，因為它長駐香港一段時期，海軍基地亦以此艦命名。

1908 年，添馬艦駛進海軍基地的情況。

1908 年，添馬艦停靠於剛擴建完成的海軍基地。

1940 年代初，添馬艦海軍基地停泊着兵船，部分海軍正準備起航。

1930 年代，已建堤圍的金鐘海軍基地。

二戰後的 1945 年 9 月，香港重光。英航母停
泊於維港，正式從日本降軍手上收復香港。

戰後的 1950 年代初期，重新派駐香港的海軍艦隊。

攝於 1950 年代，停泊於維港的海軍主力艦。

英艦為香港水域的主要防衛。圖示兩艘軍艦作海上聯結的活動。

英軍的船堅砲利，包括其砲兵的嚴格訓練，常駐香港的英兵，經常於香港水域內作軍事實習。圖示 1935 年英海軍砲兵部隊於大鵬灣搶灘登岸的情景。

英砲兵部隊搶灘登岸情景。

英砲兵部隊登岸後，立即準備砲火射擊。

英軍於 1908 年後的砲火射擊演習，經常
於大鵬灣進行。英海軍更以射擊記錄作比
賽，1907 年駐香港的海軍部隊射擊成績
曾是全英之冠。圖示 1935 年英砲兵以加
農砲在大鵬灣的岸邊進行實彈射擊。

軍事重地

第七章

The Military Base

香港是英國在遠東的重要進出口商港，有重要的戰略價值，故自動成為英海軍駐中國水域的基地。在港口進出口，均設有兵營駐守。其中的昂船洲，是香港港口最重要的軍事基地，它扼守西部通道，地理位置獨特，常駐三個兵團。與卑路乍灣和西營盤的兩個砲兵營相對，緊守着香港的西面海道。昂船洲早於香港開埠前，已是海盜出沒的地方，原因是昂船洲是通往珠江的重要出入口，也是維港西面主要航道必經的島嶼。英軍佔領香港時，已察覺這島嶼上有持武器的海盜出沒，故英軍取得新界和離島的租用權後，便於昂船洲上長期駐有英兵，而常駐的英軍屬步槍兵團。昂船洲亦是香港最早設有無線電通信的軍事地區，早於大東電報局成立前的 1920 年代初期，英軍已於昂船洲島上的沙灘上建起特高的天線桿，以便接收無線電訊息。

1909 年英步兵正在昂船洲島上沙灘巡邏。

昂船洲的岸上置有「砲台重地，閒人免進，如無執照，不得登岸」的中英文警告牌。

昂船洲上的英軍營房。

1909 年消閒的昂船洲英駐軍正在享用下午茶。

駐守於昂船洲的第 87 旅步槍團第三排的排長（沙展）與隊員
共七人於 1909 年拍照留念。

昂船洲兵營內的仕女室（Miss Room），一眾廚師為 1909 年的聖誕節
準備盛會時合照。

英守軍於 1909 年昂船洲上無聊地坐着，與他們在島上的「快樂家庭」
（A Happy Family）成員一起合照。

無聊的英守軍在華人員工的宿舍內，一起玩撲克牌。可見無聊的時
候，不分華洋，都可以共處一室同樂。

在昂船洲上的英守軍，夏日無聊，與島上華工的小孩一起撲蝶和捉黃蜂。圖為他們於 1909 年在營房外合照。

駐守於昂船洲的英軍，閒時便跑到華工的住所，
與他們一家人玩樂合照。

在昂船洲的碼頭，英駐軍的一項水上活動是跳海。圖示 1909 年一名英兵正飛身從碼頭跳入海中。

英兵進水的一幕。

皇家空軍

The Royal Air Force

香港的空軍，始於 1924 年 11 月 3 日英航艦飛馬號（HMS Pegasus）艦上的飛行部隊所組成，其中包括海軍和飛行空軍隊員。來港設立空防基地是源於當年英帝國防衛委員會的提議，成立了軍艦航空部隊（Fleet Air Army）的亞洲部處。四架安裝了航拍攝影器材的費爾雷 3D 型號（Fairey IIID）定翼水上飛機，於到達香港的第二天便在維港進行航拍。但是因為維港水面十分繁忙，水上飛機起飛和降落受到維港內大量帆船船桿的影響，由於安全問題，維港不能作為永久性的水面升降地點，故飛馬號轉到平靜的吐露港港灣停泊，初期任務是為全港九新界作地形的航拍。另外因應海軍的要求，飛到中國邊界的大鵬灣和大亞灣拍攝海盜藏身之處。飛馬號離開香港到新加坡前，一直停泊於吐露港，因為 1921 年的華盛頓條約，限制了英軍在新加坡以東地區興建永久的空軍基地。故在香港興建民航機場時，英軍只能在民用機場內設置小規模的皇家空軍基地。建議於 1920 年代中期提出，適時九龍城東散落的村落和耕地，被何東和歐德收購用作發展「花園城市」的地產項目，但是 1924 年平整了土地後，因資金不足而停止發展，並同意交還土地給政府，用作建造香港的民航機場。機場位於九龍灣的海岸範圍，正適合空軍水上飛機升降之用。1926 年開始興建航空大樓和支援設施。1927 年 3 月 10 日，英皇家空軍的二十四名官員和三架飛機正式接收機場的空軍基地。隨後民用機場和空軍基地一直不斷的改善和擴建。

1929 年，英軍上將蒂里特（Admiral Tyrwhitt）離開香港的儀式，有空軍飛機歡送。蒂里特於第一次世界大戰時立下戰功，為英海軍重要將領，於 1925 年初升任中國水域的總指揮官，並於 1926 年 11 月以霍金斯號（HMS Hawkins）作為旗艦，經常停泊於香港港口。照片正是他的旗艦離開香港時，駐香港的空軍飛機列隊歡送，這也是香港空軍最早的飛行照片。

香港啟德機場的發展是源於英空軍於 1924 年在香港的基地。
照片攝於 1935 年，當時的機場仍是以草棚搭建，英軍的飛
機是定翼的訓練機種。

香港作為英國遠東駐軍總部，不少最先進的設施都曾在香港試用，包括圖中由意大利人胡安·德拉謝爾瓦（Juan de la Cierva）於 1925 年研製的旋翼直升機（Autogyro），是早期轉子有翼飛行器，可在地面直線上升而不須要跑道。經多次改良，最後由英國註冊為 C30A 型號生產。直升機於 1936 年停產前，Avro 工廠共製造了 143 架。圖中顯示香港於 1935 年亦見此直升機停靠試飛。

駐香港的空軍飛機是定翼的訓練機，須兩名航空機員操作。

啟德機場海灣外的英軍水上飛機。攝於 1935 年。

1930 年代，中國內地政局混亂。1936 年 7 月，廣州的南天王陳濟棠將軍失勢，他與一些軍官乘坐國民政府的軍機逃跑，於 1936 年 7 月 18 日飛抵香港機場，降落後，所用的國民政府日製飛機，被英軍拘留於機場遠東航空飛行公司的飛機倉庫。

1935 年在機場倉庫內作維修的雙翼水上飛機。

機場對外水域範圍屬管制區，由香港水警負責巡邏。圖示 1937 年停泊於機場岸邊的水警巡邏艇。

英軍正使用特製的快艇於機場水域巡邏。

1930 年從牛池灣的荒廢村屋遠望機場的平地。

1930 年從九龍灣內陸遠望機場和九龍城一帶。

1937 年，一名英軍工程人員正在指導華工和客家女工在機場地盤作業。

1937 年，新建成的機場空軍大樓正門上的標記。

駐守於機場內的空軍文職人員於 1950 年代
空軍辦公樓外的草坪拍照。

機場內的西人和華人廚師一起合照。華人廚師是最受大兵歡迎的人物。

早期的飛行意外。1930 年代，一架
民航機於降落啟德機場跑道時着火。

機場的消防車和駐守機場的英軍立即趕往火場救援。

英空軍於二戰時常用的「噴火」戰機（Spitfire）於二戰後在香港上空飛翔。

二戰後，英國軍官到達機場檢閱駐軍的情況。

1950 年代，在機場列隊被英軍官檢閱駐軍的情況。

英軍穿上整齊的冬裝在空軍基地營房外拍攝留念，照片攝於 1950 年代。

一班英國空軍隊員於 DC3 客機旁與到訪的友人拍攝留念。照片攝於 1949 年。

1950 年代的啟德機場全景。

保衛屬土

第九章

Defense of Hong Kong

作為英帝國海軍在中國的總部，香港的軍事配備一直是最先進的。除了在昂船洲設立三個步兵連，在西營盤亦設置了兩個砲台和駐軍，與青洲的重要軍火倉庫接連，作為西部通道的防守據點。另外駐守在北角和紅磡的兵團，與鯉魚門魔鬼山的砲台，負責緊守東部進入維港的要道。此外，在尖沙咀的大型軍營，正是守護着整個維港的中心位置。防衛香港的駐軍人數，一直是依據當時的政治形勢和變化作出增減，如第二次鴉片戰爭時，香港成為英軍北上攻打中國的基地；1911年反清革命時期，香港亦曾增加守軍；1927年廣州的政治危機，中英關係緊張，香港也出現從英國派遣來增防的海陸軍兵團，常駐香港的軍事人員共達三四千人。香港政府曾經於二十世紀初支付兩成駐港英軍的軍費和義勇軍的全部開支。世局常變，英軍從開埠一直視中國為進侵香港的假想目標，但最後真正的入侵者，卻是英國昔日的海軍盟友——日本帝國。

1927年增派來港的英國陸軍部隊，整齊步操經過灣仔的排樓，市民爭相圍觀。

1897 年駐港的英砲兵團列陣歡迎皇儲到訪香港。

從英國調來香港的英兵在銅鑼灣堤岸列隊步操。1927年，國民政府
和英國關係緊張，英國特別增派兵團在香港佈防。

1927 年，從英國調派來港的英國海軍部隊。

1930 年代，英軍和家眷在中區和平紀念碑前的紀念活動。

1909年駐守新界的義勇軍步兵團，這些業餘的英軍部隊百無禁忌，於當地華人祖墳上拍照留念。

兵臨城下：日本自 1940 年攻陷廣東後，派軍封鎖香港邊境。圖示由日軍 38 師團（南方派遣隊）拍攝於 1940 年 8 月底，從深圳看已被切斷了的九廣鐵路段羅湖邊境。對岸關卡是香港境，防守上只是以印度籍和外籍警隊站崗，看來在抗日戰爭初期，香港政府沒有着重以邊境防衛為首要目標。

日軍 1940 年火燒廣東惠州村屋，接着從水路向香港新界進發。

1941 年 2 月，日軍壓境，華人苦力擔抬着沙包，為香港反戰機高射
炮基地作佈置。香港正建造高射砲基地，從背景可見其他苦力正建造
一所防空洞。香港已全速加強作戰準備。

1945 年 1 月 16 日，盟軍空軍戰機反攻香港。轟炸任務由美海軍戰機輔准將 John S. McCain 帶領的快速部隊執行，猛烈轟炸日本在香港的重要設施，太古船塢在戰火蹂躪下變成頹垣敗瓦。該船塢主要從事維修、重組和改造船隻。圖中左面爆炸的是 4,500 噸航機運輸船，右面冒出煙和火焰是被炸中的機房。從海面由槍彈造成的浪花看，很明顯美空軍轟炸機受到日軍的密集掃射。

英軍在夏愨中將領導下，將啟德機場收復。圖中的英兵從軍艦派到機場作臨時飛行導航員。照片攝於 1945 年 9 月 18 日，他們的名字從左至右，分別是大兵 E. F. Aston，A. Gafe，W. A. Allen，W. Hodgson 和 W. Scougall。

1946 年，英兵為二戰在香港陣亡的軍人於赤柱軍人墳場舉行入土儀式。

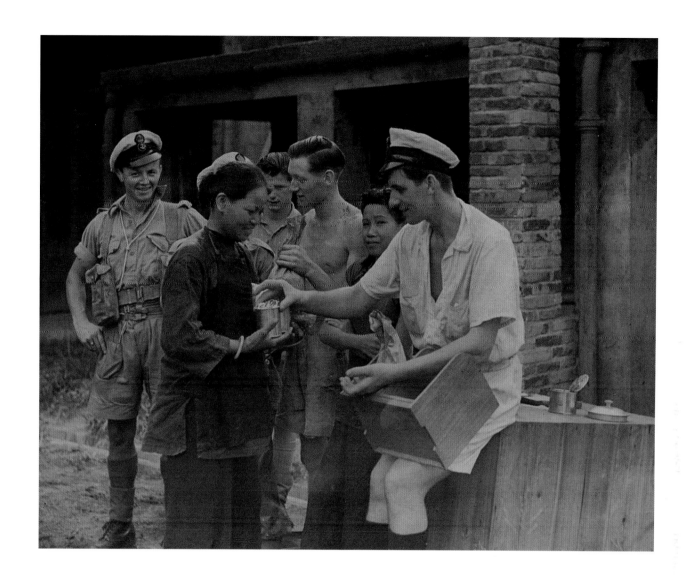

英海軍上將夏慤收復香港後，1945 年 9 月拍攝的照片中，中國婦女正為英軍服務，並取得糧食。英軍士兵 A. Blues 正付米糧給女工，海軍士兵 RMT Salisbury 和 P. Laves 正看得高興。在兩英兵間的中國女子，很明顯是想親近剛到香港的新兵，以獲取短缺的物資。

香港重光後，百廢待興。1945 年 9 月，一名香港小孩站立在駐守香港跑馬場的英海軍哨兵旁邊，引起一眾士兵的歡樂。戰爭完結，香港軍民不論國籍，官員和貧苦大眾都有無形的喜悅。

1950 年代，重新佈防香港的英駐軍正在碼頭等待上船，閒着無聊玩撲克牌。

英軍部隊在香港除了保衞英皇領土外，也作不少地質測量研究。圖示二戰後，英兵工程部隊跑到香港的山頭作地形拍攝。

英軍部隊在 1950 年的雨季出勤協助救援風災後拍攝留念。

1950 年代的英軍山區救援部隊。奇怪的是部隊全部帶備來福槍，看來不只是救援任務，而是軍事巡邏性質多一點。

第十章 「天佑吾皇」

God Save the Queen

英國是最早實行君主立憲的國家，英皇管治國家的權力一早已交給議會和首相，但是英皇仍然是國家最高的精神領袖，受國民的尊重和愛戴，也是團結人民的象徵。故在大英帝國年代，英女皇維多利亞正是英國殖民地擴展全盛時期的代表人物。早於英軍佔領香港島之前，在廣州夷館的英國僑民，已是以英皇為領袖，全民皆「為英皇服務」（On Her Majesty's Service）。到了香港島割讓給英國後，香港屬地名義上也是歸於英女皇名下的土地了。香港由開埠到回歸，合共經過五名英國君主：維多利亞女皇、愛德華七世、佐治五世、喬治六世和 1952 年上任至今的伊利沙伯女皇二世。香港是中國領土上唯一的英皇屬地，也是中國海域南部的軍事基地，與北面清代時期的威海衞，以及在馬來西亞海峽的新加坡，形成了大英帝國的遠東控制範圍。居住於香港的除了殖民地官員外，每年英駐軍保持於平均二千多兵員以上，香港亦成為中國海域艦隊的補給和休假基地。故每逢英皇室人員到訪香港、英皇壽誕或是登基紀念，殖民地政府都會作大型慶祝活動，「天佑吾皇」的標誌到處可見，正是殖民地時期香港的象徵。

1901年新登位的英皇愛德華七世，慶祝的電車花飾佈置。圖片攝於英國的車廠，這款單層電車，要到1904年才正式引進港島行走。

這個特別裝飾的花車，配上燈飾在晚上行走。

維多利亞女皇在位正是英國殖民帝國全盛的時期，故英國的屬土，全以她的名字和雕像立於各屬地。1901 年，港島張燈結綵準備慶典的皇后像廣場。

1920 年代的皇后像廣場和背景維港景色。

從太子大廈內望向皇后像廣場和香港會所大樓景。照片攝於 1890 年代。

接載英國軍民參加域多利道（Victoria Road，亦即是女皇維多利亞的道路）奠基儀式的客輪
和港督的專船，於 1897 年 6 月正靠近西營盤軍營的碼頭。

1897年，作為三軍統帥的港督羅便臣和一眾政府官員正式駕臨英軍營房，受到一眾軍官夾道歡迎。

港督羅便臣和一眾官員坐專艇上岸到達西營盤的碼頭。

港督羅便臣站立等待主持域多利道的開幕儀式活動，旁邊是當年的布政司駱克（Stewart Lockhart）。照片攝於1897年6月23日。

港督羅便臣為域多利道完成工程剪綵開幕的儀式。看來一名英國紳士和華人助手正在與攝影師測試拍攝位置。照片攝於1897年6月23日。

一眾參與建造域多利道工程的英籍工程人員合照。拍攝於 1897 年 6 月 23 日。

在西營盤的軍營，英軍工程部隊（Royal Engineers）正展示其海軍潛水員裝備和砲兵的兩支大砲。圖片攝於於 1897 年慶祝該部隊成立六十周年的紀念活動。

中式牌樓建於皇后大道與雲咸街交界通道上，是往返中西區必經的大道。

女皇壽誕在英國各殖民地均有盛大慶祝活動。香港皇后大道用上竹棚
搭建牌樓，以華人社會慶典的形式給英皇慶祝，正是中西文化融合的
最佳例子。無他，「事頭婆」生日的盛會一點都不能隨便。

1894 年，女皇大壽在皇后大道中的牌樓，左邊見錦綸攝影樓的招牌，相信照片由該影樓拍攝。

華人的慶祝特色，是搭建大戲舞台，貼滿花紙的牌樓正面入口近景，
可見內裏有一大群穿着光鮮的華商社群聚集，正是慶典舉行期間。

女皇壽誕搭建臨時的大戲台，四面各設一個裝潢十足的牌樓進口，圍牆都貼上花紙，相信是香港歷來最豪華的臨時戲棚。

戲棚另一個入口處。

英兵列隊在皇后像廣場舉行盛大的歡迎儀式，迎接 1897 年到訪的英國威爾斯皇子，即其後的英皇愛德華七世。英兵的歡迎隊伍齊集皇后像廣場，鳴槍致禮。右邊可見到香港會所正在完工階段。

英皇儲威爾斯皇子（即其後的英皇愛德華七世）於1897年訪港時與一眾港府高官拍照。左四是布政司駱克，接着左六的華人是何啟，然後是威爾斯皇儲，左八位是港督羅便臣，以及定例局的議員和軍警官員。

英軍列位，準備歡迎皇儲的儀式。

英軍各個駐港兵團，正在步操經過跑馬場的檢閱台。

各人起立敬禮。

皇儲對着大會專用的華人攝影師致禮。

跑馬場的軍方活動，被檢閱的英軍部隊包括外籍兵團。

1901 年慶祝新登位英皇愛德華七世在跑馬場的活動，軍人列隊在草坪，一眾洋人在跑道走動。

1900 年代，英海軍將領在中環英軍廣場的檢閱儀式。

戰後訪港的皇夫菲臘親王站立於吉普車上檢閱儀仗隊。

在軍營內鳴槍致禮的歡迎儀式。

第十一章 殖民生活

The Colonial Life

香港開埠的第三年，登記歐籍人口有 454 人，與總人口 19,463 人比較，只佔 2.3%。到了 1856 年，火燒廣州夷館，全部外商遷移到香港，歐籍人口隨之增至 2,479 人，但與總人口 71,730 人比較，也只是佔 3.4%。這個比例到了 1897 年 租借新界後，也沒有多大改變。可見歐籍居民在香港一直是極少數的一群，而其 中來自英國的僑民就更加少了。雖然英國來港居住的僑民和商人不多，但是香港 常駐英軍部隊長期保持在二千多人。這些來自軍、政、商界的英人，本身也有階 級分別，他們在香港的社會地位，也分作上等、中等、中低和下等歐籍人士。居 港的洋人大多數都是屬於中等和中低等人士。他們在香港的生活，跟照片中反映 在山頂或是會所內上等歐籍人士的生活並不一樣。在他們的生活圈子裏，也只是 環繞着同等級的洋人，洋人的生活幾乎與華人分隔。洋人在香港唯一共同的興趣 是嗜酒如命，故在香港開埠三年後，中上環已有十三間酒吧營業。低下層的洋人 如水手和流氓，因生活拮据，只能喝中國人釀製的土酒，經常造成醉酒鬧事的情 況。照片裏的洋人生活記錄，不是富裕的商人，便是駐港軍人和家眷，有別於大 多數的歐籍水手及政府低級的洋人公務員。

Captain Carter 到訪政府高官 William C. H. Hastings，與他們家人合照於住所外。攝於 1893 年。

洋人 J. B. History 在九龍的住宅門外與他們的華籍傭工和保母合照。攝於 1893 年。

洋人於九龍的大宅僱用兩名中國保母
看管小女孩。攝於 1893 年。

九龍洋人大宅內的佈置。攝於 1893 年。

洋人一家三口拍攝於 1893 年九龍尖沙咀住宅外的花園地。

由於山頂 La Hacienda 會所於 1893 年 12 月主辦的籌款活動「活動的蠟像」非常成功，為了籌款修建佑寧堂的風琴，居港英人於 1894 年 3 月 31 日於東角怡和洋行的 Keswick 草坪上舉行「活人象棋比賽」，紅白兩組正準備比賽。

1894 年 3 月 31 日於東角怡和洋行的 Keswick 草坪上舉行「活人象棋比賽」，紅白兩組比賽正在進行中。

比賽中的紅隊隊員，扮演的洋人分別是座上左邊的皇帝 Captain Murray，女皇 Miss Parker，正中站立的主教是 Lieut. Luard, S.L.I.，後排從左起皇上的武士（車）是 Lieut Boys R. E.，皇上的堡壘（象）是 Miss Jackson，皇后的堡壘（象）是 Miss A. Jackson 和皇后的武士（車）是 Lieut. Forbes, S.L.I.，其他小孩全部是兵。

位於港督府後的兵頭花園，即植物公園（Public Garden）。公園佔地 16 畝，屬山坡地，由雅賓利的明渠至己連拿利的山溝。雅賓利道將公園分隔為兩處。公園由植林處（Botanical and Forestry Department）主理，1908 年的經費是 48,700 元，不少大型活動在公園內舉辦。

植物公園低台內整齊的草坪。

1890 年代新建的兩層高看台的跑馬場，內圈的大草坪正在舉辦不同的活動。

遠望的跑馬場全景照。攝於 1890 年代。

跑馬場的兩層看台和一眾洋人的活動。攝於 1890 年代。

跑馬場內的洋人拔河比賽。攝於 1890 年代。

跑馬場是英人活動的集中地。圖示 1900 年代洋人在馬場的聚會。

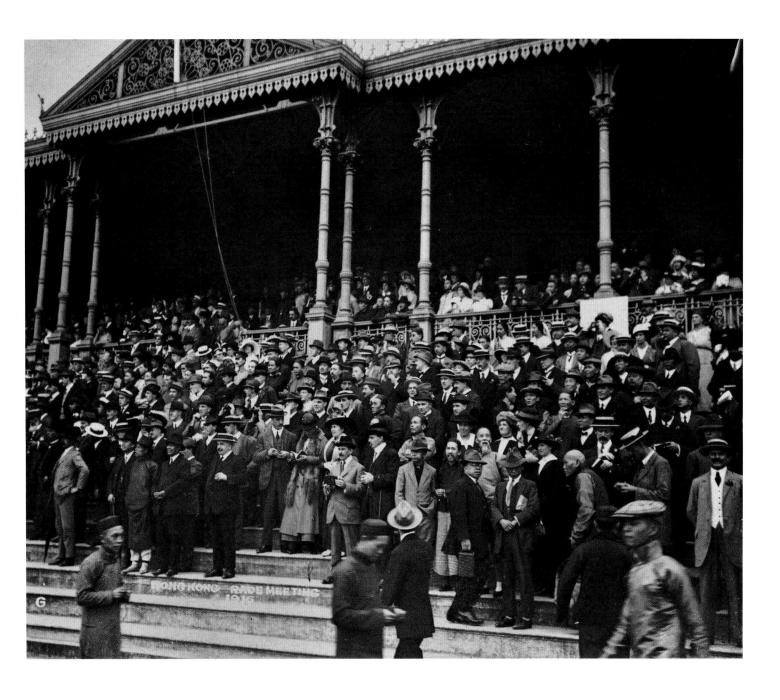

跑馬是賭博活動，不少華人也參與其中。1910年馬場的公眾看台，不
分華洋，均全神觀看賽事。

1950 年代的亞芳攝影樓。已由中環雲咸街的舊址搬到灣仔地區營業。

1890 年代璸綸攝影樓照片
背後的名片。

1900 年代的亞芳影樓照片背後的名
片，顯示是英皇室曾指定的攝影樓。

由亞芳影樓拍攝駐昂船洲的英軍官照。攝於 1910 年。

昂船洲的駐軍 1910 年合照於亞芳影樓。

在港島山坡旅遊的歐籍居民。攝於 1893 年。

葡籍居民於港島岸邊留影。攝於 1894 年。

在香港居住的葡萄牙籍居民
於港島郊遊的大合照。攝於
1892 年。

1894 年同遊的歐籍女士。

攝於 1901 年德國會所內的遊戲
室。華人小童正在幫忙歐洲人
玩樂的遊戲。

攝於 1910 年於中半山的網球場外，一班年輕的洋人紳士和淑女打球後留影。網球於 1877 年正式被介紹給板球會（Cricket Ground）作公眾的體育活動。

網球最早於 1875 年由英軍帶到香港，逐漸成為年輕洋人的新遊戲，圖示一群歐籍洋人在香港半山的網球場合照留念。攝於 1897 年。

位於雲咸街的花墟，是當年洋人婦女最喜歡到訪的街道。圖片攝於 1920 年代。

從皇后大道上望雲咸街售賣鮮花的攤檔。攝於 1930 年代。

在將軍澳海灣的洋人乘坐遊船作樂。照片攝於 1926 年。

一眾洋人於 1926 年在船上享用午餐，各人談笑風生，其樂無窮。

1926 年夏天，一些洋人到將軍澳海灣，浸於水中拍照。

部分洋婦跑到岸上拍照留念。

在將軍澳外灣，由中國女傭工作船伕的小艇，洋人一家大小作樂。

陽光海灘乃是洋人喜歡的假日活動，圖示淺水灣沙灘上的洋人正在沙灘屋外休息。攝於 1950 年代。

浮沉於北角碼頭外的洋人。攝於
1930 年代。

在香港仔水域內跳水玩樂的洋人婦
女。攝於 1930 年代。

聖約翰座堂是聖公會的總堂，建於1851年，一直是洋人宗教聚會的地方。照片攝於1930年代。

聖約翰座堂的進口，1930年代的照片。

羅馬天主教於 1842 年在香港立足。圖示攝於 1897 年位於堅道 16 號的天主教聖母無原罪主教座堂。

位於西區半山的巴色傳道會大樓。攝於 1897 年。

巴色傳道會內的歐洲教師與一眾華人女
學童和助理合照。攝於 1897 年。

攝於 1900 年代西角（West End）山腰下的洋人兒童服務中心，由教會牧師向一群洋人小孩和父母演奏聖樂。

香港大學堂利瑪竇堂內的天主教神父和一眾葡籍、歐亞學生和兒童合照。由亞芳影樓攝於 1935 年。

政府布政司 William C. H. Hasting（前排左三），J. B. History（前排左四），裁判處的 H. E. Wodehouse（前排左二），以及一眾華人和歐亞籍職員於裁判處外拍照留念。照片攝於 1897 年。

聖約翰英文書院。攝於 1897 年。

位於西角（West End）盡頭的政府民用醫院（Government Civil Hospital）和女職員宿舍，共設
150 張病床，接收私人付費的病人、政府公務員、警察、海員和任何國籍的病人。攝於 1890 年代。

攝於 1890 年代的政府民用醫院（Government Civil Hospital）外，政府官員和一眾華洋職工合照。

山頂域多利醫院（Victoria Hospital for Women and children）建於 1897 年，服務對象是婦女和兒童。醫院位於海拔 1,000 呎高，是紀念維多利亞女皇登基六十周年而開設，故亦稱作域多利銀禧醫院（Victoria Jubilee Hospital），設有病床 41 張，接收私人病人、政府華洋公務員的妻子和了女。醫院在 1903 年 11 月正式啟用，到了 1947 年才停用，部分建築改作布政司的官邸。1955 年荷李活電影《生死戀》（*Love Is a Many-Splendored Thing*）中醫院的取景，也是在域多利醫院拍攝。照片攝於 1900 年。

1927年，作為香港童軍總監的港督金文泰檢閱維港區內的歐亞籍童軍團隊，背後是海童軍。

港督金文泰正與歐亞籍童軍談話。攝於 1927 年。

聖誕節是洋人的大節日，各英童學校都舉辦聖誕聯歡大會。圖示 1950 年在軍營內舉行的聖誕大會，留意到場家長的各種表情。

1960 年代，香港的皇家飛行服務隊飛機到新界和離島的偏遠地區為鄉村服務。圖中的飛機原屬英國空軍。

第十二章 | 天災人禍

Natural Disaster

香港因為地處華南海岸，氣候潮濕和經常高溫，是瘟疫的最佳溫床。1841 年英軍佔領港島後，駐港的軍警死亡率一直非常高，不少英軍在鴉片戰爭中生存下來，但最終病死於香港。1894 年香港爆發鼠疫，迫使英人出動軍隊清洗街道，強迫拆除華人的居所。此外，風災幾乎每年都襲擊香港。從開埠有記錄以來，颱風的侵襲一直存在，維港內不論軍民的設施都受到破壞。1906 年的颱風，港灣內停泊的大小船艦，大多沉沒於維港水域內。另外，港島維城地少人多，居住環境擠迫和防火安全差劣。1851 年的中西區大火，皇后大道以北 472 個華人家庭頓失家園，30 人死亡。港島的火災危險沒有因為此次大火而減輕，1867 年再有 500 間房屋毀於祝融。1878 年聖誕日在中區的大火，連續燒了兩天，毀了 368 間房屋，數百萬財產損失。1904 年九龍倉大火也燒掉數十萬元的貨品。同年，漢口號客輪在停岸時發生大火，燒死了 100 名乘客，轟動全港。自此，香港政府努力加強各種防災的工作和設施。

1906 年 9 月 18 日颱風襲港，不少停泊碼頭的大型船隻也逃不了翻艇的厄運。圖示法國戰艦 Fronde 號翻側的情況。

1906 年颶風襲港前，一眾船隻被拖到安全地方避風暴。

英軍軍艦鳳凰號（HMS Phoenix）遭遇 1906 年 9 月 18 日的颱風亦不幸沉沒。

1906 年的颱風，破壞力嚴重，停泊於維港的多艘大型客輪都抵擋不了這場巨風，沉沒於港灣內，包括這艘「上將號」客輪，停靠於碼頭旁，也逃避不了沉沒的命運。

1904 年杭州號郵輪大火，大批市民圍觀看熱鬧。

1904 年杭州號（Hankow）客輪大火，有 100 名乘客燒死。從此，香港的消防隊要接受控
制蒸汽郵輪大火的訓練，亦設有海上救火浮台裝備，可惜 1906 年被颱風打沉。1908 年以
50,000 元重新設置新的救火浮台。

香港消防隊（Fire Bridge）於 1856 年成立，是因應 1851 年維城區大火造成 30 人死亡和 472 個華人家庭無家可居後的自願組織。但最初設備落後，對 1867 年和 1878 年的大火沒有幫助，其後的火災雖然傷亡減少，但是 1902 年和 1904 年倉庫大火的財物損失，令政府正視消防培訓和管理的問題，並重組消防隊，編屬警察部的分支，由歐籍警官擔任，華人消防員屬全職，駐於各處地點，接受消防和使用救火設施的培訓，屬永久職位的警察消防員。1908 年，消防總局設於皇后大道，分局設於鐘樓和太平山區的南北行。每次出勤標準人數是 20 名歐籍和 26 名華人消防隊員。圖示 1909 年在中區海傍作消防演習的一眾華洋隊員。

1894 年，香港鼠疫嚴重，不少居於太平山區的華人互相感染。政府
要將染病的病人隔離。

1898 年太平山區的鼠疫為患，英警和衛生官員到該區燒燬一些華人傢具和雜物，使室內通道不會阻塞和做成傳染。

第十三章 旅遊勝地

Tourist Paradise

早期來港的英國人，大部分是因為工作的關係而暫居香港，軍政人員可能要在香港駐守數載，故不少家眷會遠道而來，探望親友和作遠東度假行程。至於商界，香港更是他們經常往返的營商地方。至於香港正式發展旅遊業，則始於十九世紀末，居港的洋人在香港首次出版介紹香港旅遊的專書，推廣香港的旅遊業。香港於二戰前，是遠東的貿易中心，除了歐美商業往來，與亞洲和東南亞各地區亦建立緊密聯繫，往返香港的旅客每年都在增加。二戰後適逢美國荷李活電影不少以香港作為拍攝場地，間接令香港在歐美被軟文化推廣，香港旅遊業得到快速發展。加上韓戰和越戰時期，美國大兵以香港作為休假的地點，直接帶動香港旅遊業收入。其中一項重要的關聯，是中國政權變易後，與西方世界隔絕，香港作為中國領土內英人管治的地方，更增添一份北望神州的神秘感，吸引一些前來尋幽探秘的旅客，而香港亦成為各國特工收集情報的基地。

當年仍是演員的美國總統列根（當年中文譯名儒納瑞根）坐在主角專用的摺椅上和香港華裔童星 Danny Chang（Daniel Pan Yim Chang）交談。他們正在香港取景和拍攝冒險電影 *Hong Kong*，當年華人演員開始受到重視。影片於 1952 年放影，香港被形容為「有千個危險的海港」。

1955年奇勒基保（Clark Gable）拍攝完在香港取景的電影《江湖客》（*Soldier of Fortune*）後，於香港著名裁縫店購買真絲睡袍。

1955 年美國大明星奇勒基保和一些香港結識的朋友
於拍攝完二十世紀電影公司的新片《江湖客》後,在
碼頭岸邊拍照留念。

1950 年代來港的美國明星,包括伊利沙伯泰萊
(Elizabeth Taylor)和她當年的丈夫 Mike Todd,香
港為他們世界之旅的其中一站,圖中他們步出酒店
時被一班追星少女要求簽名留念。照片攝於 1957 年
11 月的星期四。

由 Gene Barry 主演以香港為背景的驚險電影 Hong Kong Confidential，以香港的酒吧為題材。

1960 年放映的荷李活電影《蘇絲黃的世界》在香港取景，影片大受歐美歡迎。圖示該片的劇照，關南施正與一眾飾演灣仔舞女的華裔演員跳舞的情景。

1950 年代，韓戰爆發，美國大兵休假時大量停留香港，帶動香港的
消費。圖示兩名美軍水兵在灣仔一幢準備拆卸的樓房外拍照留念。

1960年代，來自美軍的大兵，不少改穿民裝，在香港到處獨自遊玩，
他們全是香港居民推銷貨品的對象。

1950 年代，來港的海軍軍官僱用女導遊
帶領到處遊玩。

洋人來香港泡女是平常事，圖示一名衣着光鮮的西洋帥哥，在灣仔的唐樓露台，左擁右抱兩名華人美少女。攝於 1950 年代。

1950 年代，部分美國大兵對香港街道牆上的中文字跌打廣告甚有興趣，停下來拍照留念。

1950 年代，香港已是著名的購物天堂，歐美婦女來港，亦不忘到時裝店選購和訂製新款洋服。

1930 年美國水兵在尖沙咀酒店停泊的大型房車旁拍照留念。

百載香江・殖民印象
A Hundred Year of
Colonial Impressions

林準祥　編著
Otto C. C. Lam

責任編輯　黎耀強
裝幀設計　洪清淇
排　　版　洪清淇　霍明志
印　　務　劉漢舉

出版

中華書局（香港）有限公司
香港北角英皇道四九九號北角工業大廈一樓 B
電話：（852）2137 2338
傳真：（852）2713 8202
電子郵件：info@chunghwabook.com.hk
網址：http://www.chunghwabook.com.hk

發行

香港聯合書刊物流有限公司
香港新界大埔汀麗路三十六號
中華商務印刷大廈三字樓
電話：（852）2150 2100
傳真：（852）2407 3062
電子郵件：info@suplogistics.com.hk

印刷

美雅印刷製本有限公司
香港觀塘榮業街六號海濱工業大廈四樓 A 室

版次

2019 年 7 月初版
©2019 中華書局（香港）有限公司

規格

12 開（240mm×226mm）

ISBN

978-988-8573-14-1